AF320724

RÉPUBLIQUE FRANÇAISE.

MINISTÈRE DE LA GUERRE.

INSTRUCTION & RÈGLEMENT

DU 20 SEPTEMBRE 1895

SUR

L'EMPLOI DE LA MALLÉINE

ET LES

MESURES A PRENDRE EN CAS DE MORVE

DANS

LES CORPS DE TROUPES A CHEVAL

ET LES ÉTABLISSEMENTS DE REMONTE.

(Extrait du *Bulletin officiel*, partie réglementaire, année 1895.)

PARIS | LIMOGES

11, Place Saint-André-des-Arts. | 46, Nouvelle Route d'Aixe, 46.

Henri CHARLES-LAVAUZELLE

Éditeur militaire.

1895

BULLETIN OFFICIEL

DU

MINISTÈRE DE LA GUERRE.

1895. PARTIE REGLEMENTAIRE. Nº 40.

SOMMAIRE.

Septembre 1895.
Page.
20. Instruction et règlement sur l'emploi de la malléïne et les mesures à prendre en cas de morve dans les établissements de remonte et les corps de troupes à cheval.   .   167

Nº 269. *Instruction et règlement sur l'emploi de la malléïne et les mesures à prendre en cas de morve dans les corps de troupes et les établissements de remonte.*

Considérations générales sur la malléïne.

1º Nature de la malléïne.

La malléïne est un extrait des cultures du bacille de la morve en bouillons glycérinés. Après un mois de séjour à l'étuve à 37°, ces cultures sont stérilisées à l'autoclave à 110°, de façon à tuer tous les bacilles qu'elles contenaient; on les concentre ensuite au bain-marie jusqu'au dixième de leur volume primitif; puis on filtre sur papier chardin. On obtient ainsi de la malléïne brute, liquide sirupeux, brunâtre, d'une odeur un peu vireuse. Dans la pratique, la malléïne s'emploie diluée au 10° dans l'eau phéniquée à 1/2 p. 100. La malléïne brute ou diluée conserve toutes ses propriétés pendant plus d'un an, en flacons bien bouchés, à l'abri de la chaleur et de la lumière. Chacune des phases de la préparation de la malléïne serait suffisante à tuer tous les microbes qu'elle renferme. On ne saurait donc trop affirmer que la préparation même de la malléïne exclut toute possibilité de donner la morve.

2º Action de la malléïne sur les animaux morveux.

Chez les chevaux morveux, l'injection sous-cutanée d'une

petite quantité de malléïne (1/4 de c. c. de malléïne brute ou 2 c. c. 1/2 de malléïne diluée au 10ᵉ) provoque une réaction caracterisée à la fois par des modifications de l'état général, par des phénomènes locaux et par une élévation considérable de la température :

1° En quelques heures, il se forme au niveau de l'injection une tuméfaction inflammatoire chaude, tendue, douloureuse, très saillante, dont le volume varie depuis celui de la paume de la main à celui d'un pain de munition ; du contour de la tumeur partent des trainées lymphatiques sinueuses qui se dirigent vers les ganglions voisins. Quand la malléïne est aseptique et l'injection faite aseptiquement, cette tumeur ne suppure jamais ; elle s'accroît pendant vingt-quatre à trente-six heures et persiste pendant deux à trois jours ; puis elle s'affaisse lentement, graduellement, pour ne disparaître qu'après cinq à six jours ;

2° En même temps qu'apparait la tumeur, l'état général du sujet subit des modifications dont l'intensité est très variable : on note de la tristesse et de l'abattement, des frissons ou des tremblements musculaires ; la face est grippée, le poil terne, l'appétit supprimé ou très diminué ; si l'on fait sortir l'animal, on est surpris de son changement d'aspect, de sa stupeur, de sa prostration ; le cheval le plus difficile est devenu absolument maniable ; le plus souvent aussi, les mouvements du membre voisin de l'injection semblent difficiles et douloureux.

L'ensemble de ces phénomènes, locaux et généraux, constitue ce que l'on appelle la réaction organique ; elle n'est pas toujours également accusée, elle ne fait jamais complètement défaut ;

3° Par contre, la réaction thermique ne manque jamais ; la température centrale du sujet s'élève rapidement de 1°,5, 2°, 2°,5 et plus au-dessus de la normale ; déjà notable dès la 8ᵉ heure, après l'injection, l'hyperthermie est longtemps durable : elle atteint son maximum entre la 10ᵉ et la 12ᵉ heure, parfois seulement vers la 15ᵉ heure, plus rarement vers la 18ᵉ heure.

Fait important à noter, les phénomènes provoqués par la malléïne chez les chevaux morveux, sont longtemps persistants ; après 24, 36 et même 48 heures, il existe non seulement de l'œdème, mais encore de la prostration et une élévation notable de la température.

Quand un cheval soumis à l'épreuve de la malléïne a manifesté la réaction complète, à la fois organique et thermique, on peut affirmer qu'il est porteur de lésions morveuses.

3° Action de la malléïne sur les animaux sains ou non morveux.

Chez les animaux sains, la malléïne ne provoque aucune réaction ; la température reste normale, l'état général n'est pas modifié ; l'animal conserve l'appétit et la gaieté ; il se produit, au niveau de l'injection, une petite tumeur œdémateuse un peu chaude et sensible; mais loin de s'accroître, cette tumeur s'affaisse rapidement et disparaît en 24-30 heures.

Dans certaines affections n'ayant aucun rapport avec la morve, la malléïne provoque parfois une hyperthermie assez considérable ; la mélanose (Comény, Nocard, Mauri), la broncho-pneumonie chronique (Trasbot), l'emphysème pulmonaire (Schindelka), sont de cet ordre ; mais dans ces cas, l'hyperthermie dure à peine quelques heures, et la réaction organique fait complètement défaut; l'erreur n'est donc possible que dans le cas d'une observation superficielle.

Quand l'injection de malléïne n'a provoqué aucune réaction, organique ou thermique, on peut affirmer que le cheval soumis à l'épreuve n'est pas morveux, quelle que soit l'apparence des symptômes ou des lésions qu'il présente; des lésions ulcéreuses de la pituitaire simulant des chancres de morve, des lymphangites suppurées très analogues aux cordes farcineuses, des collections des sinus, des tumeurs des cavités nasales provoquant du jetage ou des épistaxis intermittentes, peuvent être ainsi rapidement et sûrement différenciées des lésions morveuses.

En conséquence, le Ministre arrête les dispositions suivantes qui, dorénavant, serviront de règle pour l'application des mesures à prendre en cas de morve :

A. Principes généraux;
B. Technique de la malléïnisation;
C. Désinfection.

RÈGLEMENT.

A. — Principes généraux.

Art. 1er. L'initiative la plus complète appartient aux Chefs de corps et d'établissements, assistés de leur commission d'abatage, pour prendre les mesures d'ordre intérieur nécessaires et urgentes en cas de morve, à charge par eux d'en rendre compte directement au Ministre et, hiérarchiquement, au Général commandant le corps d'armée.

Toutes les fois que le Chef de corps le jugera utile pour s'éclairer, il provoquera par une demande directe au Général commandant le corps d'armée, la visite sanitaire du Vétérinaire principal, directeur du ressort.

Art. 2. Tout animal cliniquement morveux est immédiatement abattu.

Dès qu'un cas de morve est constaté, tous les animaux qui ont séjourné dans l'écurie du morveux doivent être soumis à l'épreuve de la malléïne. Ses deux voisins immédiats sont isolés comme suspects ; mais, à partir de ce moment, aucun autre changement ne sera fait dans l'assiette du casernement.

Tout mélange entre chevaux des pelotons ou batteries aussi bien que dans l'ordre des attelages, est interdit, soit pour les exercices journaliers. soit pour les manœuvres, pendant toute la durée des malléïnisations.

Art. 3. Après l'épreuve, les animaux seront divisés en trois groupes.

a) Le premier groupe comprendra ceux qui n'ont éprouvé aucune réaction, organique ou thermique, et qui peuvent être considérés comme sains.

b) Dans le deuxième groupe seront rangés tous les animaux dont la température s'est élevée de plus de un degré, la réaction organique ayant fait plus ou moins complètement défaut.

c) Le troisième groupe sera composé de tous ceux qui auront réagi d'une façon complète : œdème volumineux, sensible, persistant, tristesse, prostration, tremblements musculaires, perte d'appétit, hyperthermie minima de 1° 5 au-dessus de la normale, prise comme il est indiqué à l'article 9.

Les groupes *b* et *c* composeront la catégorie des suspects.

Art. 4. Ces trois groupes seront, sans délai, isolés rigoureusement l'un de l'autre. Un personnel spécial, des ustensiles de pansage et d'attache ainsi que des abreuvoirs ou des seaux seront affectés à leur usage exclusif.

Les animaux du premier groupe *a* conserveront leurs places respectives dans leur écurie ; ils prendront part aux travaux de l'escadron ou de la batterie. Ils seront soumis à une deuxième épreuve de malléïne un mois après la première, de façon à s'assurer qu'aucun d'eux n'avait, au moment de la première épreuve, le germe de la maladie.

Les animaux des groupes *b* et *c* sont suspects, mais à des degrés différents, ceux du groupe *c* plus que ceux du groupe *b* ; ils devront être l'objet d'une surveillance toute particulière.

Les animaux de ces deux groupes seront soumis à de nouvelles épreuves de malléïne.

Ceux du groupe *c* ne seront abattus que sur une seconde indication positive de la malléïne ; ils seront enfermés dans des cellules individuelles, s'il en existe, ou, à défaut, isolés au piquet ; en tout cas, ils seront mis hors d'état de nuire ou de se nuire entre eux. On veillera à ce que les animaux des groupes *b* et *c* ne pénètrent dans aucune écurie ou stalle autre que la leur, et surtout à ce qu'ils ne boivent jamais aux auges ou abreuvoirs communs.

A chacune des injections mensuelles, les animaux du groupe *b*, qui viendraient à réagir complètement, passeront au groupe *c*.

Ceux qui, à deux injections successives de malléïne, répétées à

un mois d'intervalle, n'auront présenté aucune réaction organi·
que ou thermique, seront déclarés sains et remis dans le rang.

Les animaux du groupe *c* qui, à deux injections successives de
malléïne, pratiquées à un mois d'intervalle, auront continué à
présenter une réaction complète et sans atténuation sensible,
devront être abattus, même en l'absence de tout signe clinique.

Ceux d'entre eux qui, en outre de la réaction organique et
thermique à la malléïne, viendraient à présenter l'un quelconque
des signes cliniques de la morve ou du farcin (glande, jetage,
épistaxis, lymphangite, sarcocèle, ulcération nasale ou cutanée)
seront abattus sans délai.

Au contraire, ceux dont les réactions à la malléïne iraient en
s'atténuant, seront conservés isolés, puis injectés tous les mois.
Lorsqu'ils auront pu subir deux injections successives de malléïne
sans réaction aucune, thermique ou organique, ils seront déclarés
sains et reprendront leur service normal.

Art. 5. En principe, tout animal qui, ayant été soumis à l'é-
preuve de la malléïne, n'a présenté aucune réaction organique et
thermique, doit être regardé comme indemne de morve, quelle
que soit l'apparence des symptômes qu'il présente.

Néanmoins, toutes les fois que l'on pourra recueillir sur l'animal
suspect, soit du jetage, soit du pus, on sera tenu de faire, en
outre de l'injection de malléïne et parallèlement à elle, des inoculations de contrôle, soit sur l'âne, soit sur le cobaye mâle. Dans
ces cas, les inoculations de jetage ou de pus suspects sont obliga-
toires ; elles se feront, autant que possible, en même temps que
l'injection de malléïne.

Si les résultats obtenus sont concordants, le diagnostic en
acquerra un plus haut degré de certitude. Mais, si alors que le
résultat de l'inoculation de contrôle est positif, celui de l'injection
de malléïne venait à être négatif, il ne faudrait pas toujours se
fier au résultat positif de l'inoculation quand celle-ci aura été faite
au cobaye (1). On devra, dans ce cas, continuer à considérer l'animal comme suspect et procéder, sur l'âne, à de nouvelles inoculations de contrôle.

Art. 6. Seront considérés comme suspects et donneront lieu
aux épreuves de malléïne et d'inoculations de contrôle, tous les
cas de lymphangites suppurantes ou autres qui se manifesteront
dans les corps de troupes ou établissements militaires.

Art. 7. Il est formellement interdit de soumettre à un traitement

---

(1) On observe quelquefois chez le cheval une variété de lymphangite ulcé-
reuse dont le pus provoque, chez le cobaye mâle, une orchite ressemblant
beaucoup à l'orchite morveuse ; l'examen microscopique et la culture montrent que cette orchite est due à un microbe très différent du bacille morveux ; les chevaux atteints de ce pseudo-farcin ne réagissent pas à la malléïne.

médical quelconque un animal morveux ou simplement suspect de morve ou de farcin. Dans ce dernier cas, sont seules autorisées les interventions destinées à déceler l'existence de la morve.

Art. 8. Dans les escadrons, batteries ou groupes ayant présenté un seul cas de morve ou même un seul cas suspect, on dressera aussitôt et on affichera dans les écuries des listes de voisinage, fixant l'emplacement actuellement occupé par chaque animal.

A partir de ce moment, toute mutation sera interdite jusqu'à nouvel ordre et l'on assurera, autant que possible, l'affectation individuelle des moyens d'attache, des bridons, des effets de pansage et de harnachement.

B. — Technique de la malléïnisation.

Art. 9. Tout animal devant subir l'épreuve de la malléïne sera laissé au repos à l'écurie, pendant les deux jours qui précèdent l'injection.

Pendant ces deux jours, sa température sera prise avec soin le matin, à midi et le soir, avec un thermomètre soigneusement étalonné. Si le thermomètre accuse des variations égales ou supérieures à un degré, l'opération devra être ajournée. Il en sera de même si la moyenne des températures relevées dépasse 39 degrés.

Chez les chevaux déjà fiévreux, les indications thermométriques sont, en effet, sans valeur. De même les variations atmosphériques (soleil, pluie. vent, etc.), provoquent parfois des oscillations de la température centrale égales à un, deux degrés et plus. De semblables oscillations peuvent s'observer au cours de certaines maladies : la gourme notamment.

Pour prendre ces températures initiales, il importe donc de se mettre à l'abri de toutes les causes d'erreur que l'expérience a signalées.

Art. 10. La dilution de malléïne au dixième fournie par l'institut Pasteur, sera seule employée.

Toutes les pharmacies vétérinaires seront pourvues d'une réserve permanente de cette substance, en quantité suffisante pour malléïner de 10 à 20 chevaux.

En cas de non-utilisation, cette réserve sera renouvelée chaque année. Les demandes seront adressées directement à l'institut Pasteur et le paiement s'effectuera dans les conditions prescrites par la note ministérielle du 29 janvier 1893.

Cette malléïne sera conservée à l'abri de l'air et de la lumière.

Toutes les infirmeries seront, en outre, constamment pourvues d'au moins deux thermomètres à maxima soigneusement étalonnés; d'une seringue Pravaz du modèle vétérinaire; enfin, d'une loupe pour la lecture des températures. Ces instruments pourront être achetés directement dans le commerce, aux frais de la masse d'entretien du harnachement et ferrage des corps ou établissements.

Art. 11. En règle générale, il convient de faire l'injection de malléïne entre 8 et 10 heures du soir ; on disposera ainsi de toute la journée du lendemain pour suivre la marche de la température. Celle-ci sera prise régulièrement de 2 heures en 2 heures, depuis la 8e ·heure après l'injection jusqu'à la 20e heure. Il sera encore utile de la prendre le surlendemain, vers la 36e heure après l'injection ; si, exceptionnellement, après la 20e heure la courbe thermique était encore ascendante, il conviendrait de continuer les prises de température.

La technique opératoire à suivre est très simple ; avant de faire les injections, on tondra la peau de l'encolure à égale distance du bord supérieur et de la gouttière de la jugulaire ; puis on la désinfectera à l'aide d'une éponge imbibée d'une émulsion de crésyl ou de lysol à 3 p. 100. La malléïne sera injectée dans le tissu cellulaire sous-cutané, au point d'élection ci-dessus indiqué, avec une seringue de Pravaz parfaitement aseptique. On injectera ainsi 2 centimètres cubes 1/2 de la dilution au dixième.

Art. 12. La réaction thermique sera mesurée par la différence qui existe entre la moyenne des températures relevées avant l'injection, et la plus haute des températures observées dans les 20 heures qui la suivent. Ces dernières devront être relevées aussi fréquemment que possible.

La réaction organique n'a pas moins d'importance que la reaction thermique. On notera donc avec un égal soin, pendant tout le cours de l'expérience, les modifications diverses qui se produiront dans l'état du sujet, qu'elles soient générales ou locales, telles que : dimensions, sensibilité et durée de l'œdème développé au niveau de l'injection ; abattement, stupeur, frissons, tremblements, perte de l'appétit, état des poils, etc., etc.

Art. 13. On interprétera comme suit les indications fournies par la malléïne :

a). Si l'animal soumis à l'épreuve ne présente aucune réaction, organique ou thermique ; si l'œdème est peu volumineux et peu durable ; si l'état général n'est pas modifié ; si l'hyperthermie est inférieure à un degré, on peut affirmer que l'animal n'est pas morveux.

b). Si au contraire l'œdème est volumineux, sensible et persistant ; si l'animal est triste, abattu, sans appétit, avec le poil terne et piqué ; si l'hyperthermie a dépassé 1 degré 5 et se maintient pendant 30 à 36 heures à un chiffre notablement supérieur a la normale, on doit affirmer que l'animal est porteur de lésions morveuses.

c). Mais il peut arriver que la réaction soit douteuse, ébauchée en quelque sorte et sans signification précise : on constate, par exemple, une hyperthermie de 1 degré 5 à 2 degrés sans réaction organique appréciable ; ou bien, avec une hyperthermie comprise entre 1 degré et 1 degré 5 on note un œdème moyen promptement résorbé, ainsi que des troubles généraux à peine accusés. Dans tous ces cas, il est impossible de se prononcer, et les animaux doivent simplement être considérés comme suspects. En conséquence, ils resteront rigoureusement isolés des animaux sains et ils seront soumis à une nouvelle épreuve, laquelle n'aura lieu qu'après un délai d'un mois.

C. — Désinfection.

Art. 14. La désinfection sera de deux sortes :

1º Partielle ou locale, lorsqu'elle s'appliquera à des cas se manifestant successivement ou isolément dans des centres parfaitement circonscrits et déterminés, ne dépassant pas les limites du peloton ou d'un groupe d'animaux occupant une seule et même écurie ;

2º Générale, dans toutes les épizooties graves ; comme, par exemple, lorsque plusieurs cas de morve éclatent simultanément sur divers points plus ou moins disséminés d'une agglomération importante ; et, aussi, toutes les fois que le rayon de dispersion de la maladie contagieuse dépassera les limites du peloton ou du groupe.

Désinfection partielle ou locale.

Art. 15. Elle s'effectuera en même temps que les épreuves de malléïne prescrites par l'article 2 du présent règlement, sans que rien soit changé dans l'assiette du casernement. Elle portera, tout d'abord, sur les places occupées par le morveux et ses deux voisins. Elle s'étendra ensuite aux places occupées par les animaux formant les catégories *b* et *c* prévues par l'article 3.

Des recherches récentes ont établi que c'est par les voies digestives que s'effectue le plus souvent l'infection morveuse. En conséquence, l'effort de la désinfection portera surtout sur les *ingesta* et sur leurs réceptacles ou supports habituels, tels que : eau d'alimentation et litières, auges, seaux, baquets, mangeoires et râteliers ; puis sur les objets le plus souvent en contact avec la bouche des animaux, tels que : brides, bridons, chaînes, et autres moyens d'attache et de conduite ; effets de pansage ; murs, pavages et séparations accessibles au lécher des animaux, etc.

On ne perdra pas de vue que le frottement prolongé et soigneux avec la brosse rude constitue l'élément essentiel d'une bonne désinfection.

On se rappellera en outre que le microbe de la morve est l'un des moins résistants qui existent et qu'il suffit d'une température de 58 à 60 degrés pour le détruire; qu'il ne résiste même pas à la simple dessiccation à l'air libre, lorsque celle-ci est complète et porte sur la totalité des mucosités susceptibles de l'enrober et de le conserver.

a) Écuries. — 1° Les intervalles à désinfecter seront débarrassés de toutes leurs litières et aliments quelconques contenus dans leur râtelier et dans leur mangeoire. Les interstices de leurs pavés seront raclés et soigneusement balayés. On incinérera ou l'on enfouira profondément tous ces détritus;

2° Immédiatement après : premier lavage à grande eau des râteliers, mangeoires, murs de face et de côtés, séparations et pavés, toutes portes et fenêtres du voisinage étant ouvertes. Puis, deuxième lavage plus soigneux avec la brosse dure et de l'eau aussi chaude que possible, contenant 4 p. 100 de crésyl ou de lysol. On s'attachera surtout à faire disparaître la crasse ou autres souillures apparentes, à faire pénétrer le liquide désinfectant dans tous les joints, fissures et interstices des boiseries et des murs, en insistant surtout sur les parties vernissées ou revêtues d'un enduit gras quelconque. Ces deux lavages seront facilités, s'il est nécessaire, par des grattages superficiels ou profonds;

3° Deux jours après, badigeonnage général de tous les objets ci-dessus indiqués, avec un lait de chaux vive ayant une consistance semi-liquide, soigneusement étendu avec de volumineux pinceaux en crin. Ce lait de chaux sera préparé avec de la chaux vive d'excellente qualité, au moment même de son application.

L'emploi du coaltar est prohibé, à cause de ses propriétés agglutinantes;

4° Les places désinfectées ne seront pas réoccupées avant trois jours au plus tôt; on se basera du reste, pour prolonger ce délai, s'il y a lieu, sur les circonstances climatériques et locales. Il y aura toujours avantage à le prolonger autant que possible.

b) Abreuvoirs. — 5° Les auges contaminées ou ayant pu l'être, seront immédiatement vidées. On veillera à ce que leur contenu ne puisse souiller les auges voisines. Elles seront recouvertes d'une claie, et leur usage sera interdit pendant toute la durée de la désinfection;

6° L'intérieur et l'extérieur de ces auges, ainsi que leurs abords, seront soumis à un nettoyage complet, suivi d'un lavage très soigneux avec de l'eau contenant 5 p. 100 d'acide sulfurique du commerce.

Le nettoyage se fera avec l'aide de balais, de curettes en fer et de brosses dures, de façon à faire disparaître toutes traces de matières organiques, animales et végétales (conferves). Le lavage qui suivra ce premier nettoyage se fera avec l'aide de tampons d'étoupe fixés à des bâtons ; on aura soin de faire pénétrer la solution sulfurique dans toutes les fentes ou fissures des abreuvoirs et de leurs dépendances immédiates.

L'opération sera complétée et terminée par un dernier lavage à grande eau, à la suite duquel les auges pourront être rendues à leur destination dans le délai minimum de 24 heures ;

7° Tous les récipients (seaux, baquets, etc.) ayant servi ou pu servir à abreuver les animaux contaminés, seront soumis sans délai à un traitement analogue à celui des auges.

c) Effets de pansage et harnachement. — 8° A l'exception des éponges ayant servi aux animaux contaminés, aucun effet de pansage ne sera détruit. Ces effets, musette comprise, seront, le plus tôt possible, soumis à une immersion de 15 minutes dans de l'eau maintenue à la température d'au moins 60 degrés et contenant 3 p. 100 de crésyl ou de lysol. Ils ne pourront être remis en service qu'après dessiccation complète à l'air libre ;

9° On disposera, dans chaque écurie contaminée, un ou plusieurs baquets contenant une émulsion de crésyl ou de lysol à 3 p. 100, renouvelée toutes les 24 heures, dans laquelle tous les cavaliers ou gradés laveront leur éponge et leurs mains aussitôt qu'ils auront terminé le pansage d'un cheval et avant de passer à un autre ;

10° Dans l'escadron, la batterie ou le groupe contaminés, toutes les brides avec leurs rênes, tous les bridons, les licols ou colliers, ainsi que tous les autres moyens d'attache et de conduite, seront désinfectés, même s'il n'y a eu qu'un seul cas de morve, conformément aux prescriptions de la note B du règlement du 26 décembre 1876 sur le service vétérinaire. (*Journal militaire officiel,* 2° semestre, partie réglementaire, annexes, page 412.)

On se conformera strictement au mode opératoire indiqué ; toutefois, le crésyl ou le lysol à 3 p. 100 seront substitués au chlorure de chaux pour le lavage des cuirs ;

11° Les autres objets de harnachement, tels que : selle, couverture, etc., ne seront désinfectés que dans le cas de manifestations cutanées de la morve (farcin) et seulement dans le peloton ou le groupe dans lesquels ces manifestations se seront produites.

Par extension, seront considérées comme des manifestations farcineuses, et donneront également lieu à la désinfection du harnachement, toutes les lymphangites suppurantes.

La désinfection du harnachement se fera conformément aux prescriptions de la note susvisée, en adoptant le crésyl ou le lysol comme désinfectant.

Désinfection générale.

Art. 16. La désinfection est générale, lorsqu'elle s'étend à toutes les écuries d'un escadron ou d'une batterie, ou à toutes les écuries d'un régiment ou d'un établissement. Elle n'est nécessaire que dans les conditions spécifiées par le deuxième paragraphe de l'article 14.

a) Dans tous les cas, elle sera immédiatement précédée de l'évacuation totale des locaux occupés par l'escadron, la batterie ou le régiment; c'est-à-dire de la mise à la corde, ou sous des hangars spéciaux, de tous les animaux sans exception qu'ils contenaient.

Dans cette nouvelle situation, ces animaux seront placés exactement dans le même ordre que celui qui leur était assigné avant.

b) Aussitôt l'évacuation des locaux faite, on leur appliquera identiquement les mêmes mesures de désinfection que celles prescrites par l'article 15 pour la désinfection partielle ou locale, en les étendant à la totalité de leur mobilier et de leurs surfaces internes et externes (façade, pavage, etc.), toitures non comprises.

Point ne sera besoin, lorsqu'il s'agira de morve, de recourir au dépavage des écuries, au grattage des murs, ni à la destruction des boiseries; à moins que les uns et les autres ne soient en si mauvais état que leur réfection immédiate s'impose.

c) On opposera des barrières sérieuses à toute incursion, dans ces locaux, des animaux sains.

d) Toutes les auges, sans exception, du quartier ou de l'établissement, seront successivement désinfectées comme il a été dit au paragraphe *b* de l'article 15.

e) Les dispositions du paragraphe *c* de l'article 15, en ce qui concerne les effets de pansage et le harnachement, seront exactement appliquées.

f) Pendant trois jours au moins et pendant plus longtemps, si les circonstances et la saison le permettent, les locaux désinfectés resteront très largement ouverts et aussi complètement aérés que possible. Puis, les animaux y reprendront exactement les mêmes places qu'ils occupaient avant la désinfection.

D. — Disposition générale.

Art. 17. Toutes les dispositions antérieures contraires au présent règlement sont et demeurent abrogées.

Paris, le 20 septembre 1895.

Le Ministre de la guerre,
Gᵃˡ Zurlinden.

APPENDICE (1).

Des expériences instituées pour la première fois en Russie, en 1891, ont établi la notion scientifique de l'action élective de la malléïne sur les lésions organiques causées par le bacille de la morve.

Cette substance, injectée dans des conditions particulières, devait permettre d'établir le diagnostic de certains cas de morve pour lesquels les autres procédés d'investigation étaient jusqu'alors restés insuffisants.

Cette question intéressait l'armée à un haut degré, et, des cas de morve s'étant manifestés en 1892 à l'annexe de remonte de Montoire, le Ministre ordonna de soumettre à l'épreuve de la malléïne tous les chevaux de l'annexe.

Une commission nommée par lettre ministérielle du 27 juin 1892 « à l'effet d'établir s'il est possible, la valeur certaine de la malléïne au point de vue de la révélation de la morve » s'est réunie le 30 juin 1892 à Montoire.

Après examen des données théoriques et expérimentales relatives à la nature et au mode d'action de la malléïne, les chevaux de l'annexe ont été soumis à trois injections successives.

Les effets de ces injections, les lésions relevées à l'autopsie des animaux désignés pour être abattus ont amené la commission à voter les conclusions suivantes :

1º La malléïne est un moyen de reconnaître la morve chez le cheval. mais ce moyen n'est pas sûr ;

2º Au point de vue pratique, tout cheval qui, sans présenter aucun symptôme clinique, a réagi à la malléïne, doit être considéré non pas comme morveux, mais seulement comme suspect;

3º Tout cheval qui n'a pas réagi à la malléïne ne doit pas être considéré comme indemne de morve ;

4º Il y a lieu d'employer dans l'armée la malléïne comme moyen de diagnostic de la morve.

Les considérations générales sur la malléïne contenues dans l'instruction qui précède diffèrent sensiblement, en plusieurs points, des conclusions ci-dessus formulées par la commission de Montoire, dont les comptes rendus sont actuellement publiés dans le tome XVII du Recueil des mémoires et observations sur la médecine et l'hygiène vétérinaires ; il n'est pas inutile d'indiquer ici la cause de ces divergences.

A Montoire, la commission avait fait abattre, à diverses repri-

---

(1) Les faits relatés dans cet appendice ont été l'objet d'une discussion approfondie dans le sein de la Commission militaire de médecine et d'hygiène vétérinaires.

ses, un certain nombre de chevaux appartenant pour la plupart au groupe de ceux qui avaient réagi à la malléïne ; pourtant, 11 chevaux n'ayant pas réagi furent abattus le 21 août 1892. Chez tous les animaux abattus, qu'ils eussent ou non réagi à la malléïne, on trouva des lésions pulmonaires identiques consistant surtout en des tubercules miliaires grisâtres ou transparents, gélatiniformes, sans point caséeux central, sans coque fibreuse et sans auréole inflammatoire à la périphérie.

La nature morveuse de ces tubercules fut admise par tous les membres de la commission sauf un ; c'est ce qui explique une des conclusions du rapport : « Les chevaux qui n'ont pas réagi à la malléïne ne doivent pas être considérés comme indemnes de morve ; » mais, ce que le rapport ne dit pas, c'est que tout en affirmant l'origine morveuse de ces tubercules, deux des membres de la commission émettaient l'opinion que, si ces chevaux n'avaient pas réagi à la malléïne, c'est qu'ils étaient sans doute guéris des lésions morveuses dont ils avaient été atteints ; c'est que les tubercules trouvés dans leurs poumons n'étaient plus virulents, ne contenaient plus de bacilles morveux vivants.

Cette hypothèse, un peu hardie alors, a été complètement vérifiée depuis.

Les 11 sujets dont il s'agit avaient été pris au hasard parmi les 105 chevaux de l'annexe de Montoire qui n'avaient pas réagi à la malléïne ; on pouvait donc croire que les 94 chevaux du même groupe laissés vivants avaient, eux aussi, dans leurs poumons, des lésions de même nature ; en d'autres termes, tout l'effectif de Montoire avait dû être infecté, plus ou moins gravement, à un moment donné.

Si l'on songe qu'il s'agit d'un dépôt de transition où la promiscuité est absolue, où les animaux sont entièrement libres, de jour comme de nuit, à l'écurie comme au parcours, de se flairer, de se mordre, de manger au même râtelier, de boire à la même auge ; si l'on songe surtout que la morve y était restée méconnue pendant près de 5 mois, on comprend bien, qu'à un moment donné, tous les chevaux de l'annexe aient eu des tubercules morveux du poumon.

Pourtant, lors de la première injection de malléïne à laquelle furent soumis tous les chevaux sans exception (28-31 mai 1892), beaucoup d'entre eux n'avaient pas reagi : 97 sur 233. C'est que, depuis plusieurs semaines, tous les chevaux avaient été mis au piquet ; le jeune âge des animaux, l'abandon des locaux infectés, l'isolement individuel rigoureux, la suppression de toute occasion de contamination nouvelle. la stabulation permanente au grand air, la bonne nourriture, avaient déjà suffi pour permettre à un certain nombre de sujets de guérir des lésions minimes et clairsemées dont ils étaient atteints. Ce qui le prouve, c'est que, lors des injections ultérieures, le nombre des animaux qui ne réagissaient plus à la malléïne allait, chaque fois, en augmentant ; c'est, enfin, que 78 chevaux de Montoire que la malléïne avait déclarés morveux ou suspects ont pu, après 5 ou 6 mois de mise au piquet, être répartis entre divers régiments et faire un service actif sans qu'aucun d'eux ait présenté, depuis, le moindre symptôme inquiétant.

Des faits analogues ont été observés en Russie : en 1893, 658 chevaux d'une brigade de cavalerie de réserve du gouvernement de Charkoff sont soumis à l'épreuve de la malléïne ; sur 290 seulement l'épreuve fut entièrement négative ; pourtant, après plusieurs mois de surveillance et d'isolément, comme la plupart des suspects avaient cessé de réagir, ils furent remis en service ; quelques-uns seulement, devenus cliniquement morveux, furent abattus ; aucun des autres ne présenta par la suite le moindre symptôme de morve.

Voici un fait du même ordre encore plus probant, recueilli en 1894 dans un dépôt d'une grande compagnie de transports de Paris. Plusieurs cas de morve ayant été observés, tous les chevaux du dépôt, environ 160, furent soumis à l'épreuve de la malléïne ; sur 29, la réaction fut complète : trois seulement présentaient des symptômes peu significatifs, ils furent abattus ; l'autopsie révéla chez eux des lésions morveuses anciennes. Des 26 autres, dont aucun ne présentait le moindre symptôme, on abattit successivement 12 des plus âgés ou d'une faible valeur ; chez tous, il existait des tubercules pulmonaires, en nombre variable, dont beaucoup translucides. On pouvait donc affirmer que les 14 autres chevaux également sains en apparence, mais ayant réagi à la malléïne tout comme ceux-là, avaient comme eux des lésions pulmonaires ; on les conserva neanmoins, isolés dans une écurie spéciale et on les soumit deux fois par mois à l'injection de la malléïne. Dès les premiers mois 11 de ces chevaux cessèrent de réagir et, depuis, la malléïne reste sans effet sur eux ; ils ont été remis au milieu des animaux sains, et depuis plus d'un an, ils ont fait un service très dur sans qu'aucun d'eux ait présenté le moindre symptôme de morve. Soumis de nouveau à la malléïne après dix mois de ce travail, aucun d'eux n'a réagi ; on peut donc être sûr qu'ils sont complètement et définitivement guéris.

En somme, il s'est passé pour les chevaux de Montoire ce qui se passe toujours pour les chevaux de tout corps de troupe gravement infecté de morve ; après plusieurs mois d'isolement individuel rigoureux, les animaux sont remis dans le rang, sans que d'ordinaire la morve reparaisse. La seule différence à noter, c'est que, pour Montoire, on sait que tous les chevaux, ou presque tous, avaient des lésions pulmonaires au moment de leur mise au piquet, tandis que, jusqu'ici, jamais personne n'avait fait et n'avait songé à faire la même constatation.

Les faits observés à Montoire étaient absolument inattendus : d'une part, jamais on n'avait vu pareille généralisation de l'infection ; d'autre part, c'était un véritable dogme, admis par tout le monde, que la morve est incurable. On conçoit aisément le trouble profond où se trouvaient tous les membres de la commission ; pourtant, si l'on se reporte aux procès-verbaux de la commission, on y verra que dès le 11 juillet 1892, deux des membres de cette commission expliquaient comment la morve avait contaminé tant d'animaux et comment tant d'animaux contaminés avaient réussi à triompher des lesions pulmonaires déjà constituées.

Les recherches faites depuis lors ont pleinement justifié leur interprétation ; à coup sûr, la morve peut naître de tous les modes d'inoculation : du dépôt du jetage morveux sur une plaie ou sur une excoriation, du frottement d'une éponge infectée sur une muqueuse même intacte, de l'emploi chirurgical d'un instrument souillé de pus, etc., etc. ; mais, c'est surtout par les voies digestives que la contagion s'effectue et que la morve se propage. Il suffit de faire ingérer à un cheval sain, avec ses aliments liquides ou solides, une petite quantité de virus morveux (culture, jetage ou pus) pour le rendre morveux en quelques jours. Avant l'expérience, l'animal ne réagissait pas à la malléïne ; 8 à 10 jours après, il réagit de la façon la plus nette, et, si on le sacrifie, on trouve dans ses poumons des tubercules miliaires en tout semblables à ceux de la maladie naturelle et, notamment, un grand nombre de ces tubercules translucides dont on a si vivement contesté la nature et la signification. Bien plus, si la quantité de virus ingéré a été peu considérable, et si l'on conserve un ou plusieurs des animaux mis en expérience, pour les soumettre de mois en mois à l'épreuve de la malléïne, on constate que bientôt la plupart cessent de réagir et d'une façon définitive ; ils se sont guéris peu à peu des lésions morveuses du poumon dont le virus ingéré avait provoqué la formation (1).

On peut donc ainsi reproduire, exactement et à volonté, tous les faits observés à Montoire.

Ces expériences montrent bien tout le danger des écuries d'auberge, où se succèdent des chevaux de toute provenance, sans que jamais on ait la précaution de nettoyer les auges, les mangeoires ou les râteliers ; elles montrent surtout les graves inconvénients des abreuvoirs communs : qu'un cheval morveux s'y ébroue, et la condition sera donnée pour que nombre des chevaux sains qui vont boire après lui s'infectent à leur tour.

---

(1) La possibilité de la guérison de la morve, dans certaines conditions, a été admise à l'unanimité de la commission moins deux voix.

Paris, le 2 octobre 1895.

Collationné : HERBINET   *Certifié :* F. PRIEUR.

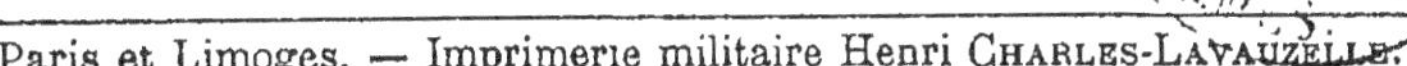

Paris et Limoges — Imprimerie militaire Henri CHARLES-LAVAUZELLE.